Autor: *Juan Aníbal Lopez Rivera*

SANTIAGO SAUCIRI MARTINEZ
Exitoso Diplomático Boliviano
QUECHUA.

Juan Aníbal Lopez Rivera

Aprende a valorar y
fructificar.

cada oportunidad que
llega a tu vida.

y conseguirás ser exitoso.

Este libro es una obra y recopilación, de contenido que se logró bajo el consentimiento y aprobación del protagonista de este. Con el objetivo de dar a conocer una exitosa trayectoria, que puede ser capaz de motivar e inspirar a las actuales y futuras generaciones, a valorar y lidiar con cualquier obstáculo que se interponga para llevar acabo cada propósito en la vida, y sobre todo por construir una mejor sociedad, donde exista la justicia y el respeto para todos.

Autor, Recopilador y editor de esta obra: Juan Anibal López
Rivera

INDICE

INTRODUCCION

Santiago Sauciri Martínez, un exitoso diplomático boliviano, que pertenece a la etnia quechua, quien aprovecho al máximo las oportunidades que la vida le ha presentado día a día. Desde que era niño demostró su interés por dar lo mejor de sí mismo, cuando ingreso a la escuela de apenas tres años y medio. Como oyente, y termino el año obteniendo su certificado predilecto como un estudiante oficial, debido a su alto nivel intelectual adquirido.

Su lengua nativa es quechua y su idioma oficial el castellano. Su padre José Sauciri, quien fue cooperativista de los mineros falleció cuando Santiago solo tenía 4 años, y creció con su madre y sus dos hermanos.

En su infancia solía divertirse en las atrayentes aguas termales, de su pueblo POOPO, que está situado en los alrededores del lago también llamado Poopó, y pertenece al departamento de Oruro del estado plurinacional de Bolivia.

En su adolescencia tenía bien claros sus objetivos, y metas que llevaría a remate en el futuro, eran lógicos y convincentes, algunas de ellos era convertirse en una persona que velaría por los derechos de la sociedad y defender a los más necesitados.

En su juventud se caracterizó por ser persona humilde de valores y principios cristianos, muy decidido a ayudar a quien necesitara de su apoyo.

Aunque creció sin su padre, nunca derrocho las oportunidades que se le presentaron, principalmente cuando fue convocado y elegido para adquirir una beca, que le permitiría estudiar en una prestigiosa universidad de Rusia. Para ese entonces Santiago Sauciri, estudiaba la carrera de derecho en la universidad Técnica de Oruro.

Sauciri vio la oportunidad de estudiar en Rusia como el reto más grande en su vida, y con valentía, confianza y sintiéndose capaz de asumirlo, lo acepto, sin importar las circunstancias que tuviera que afrontar. Así sucesivamente ha dado pasos firmes en cualquier adversidad hasta convertirse en un importante diplomático, del estado plurinacional de Bolivia, y ha alcanzado el cargo de consejero, en la embajada de Bolivia en Washington DC, en los Estados

Unidos, a partir de julio de 2017 en adelante.

El diplomático habla su lengua nativa quechua, castellano, lengua rusa, ucraniano y polaco.

SANTIAGO SAUCIRI MARTINEZ
(Diplomático Boliviano)

Es un economista de profesión, cuenta con un título de licenciado en economía, obtenido en el Instituto Cooperativa de Moscú – Rusia, en-

1989-donde también adquirió su titulo de Máster en Ciencias Económicas.

SAUCIRI, también cuenta con un título superior expedido por la universidad mayor de SAN SIMON COCHABAMBA BOLIVIA, obtenido en 1993. y es un diplomático BOLIVIANO, que asume el cargo de consejero en la embajada de Bolivia, en Washington DC, capital de los Estados Unidos de Norte América.

Está casado con Delma Alconz Colque (lic. En ciencias de Educación) desde 1997 con quien ha formado una familia.

ORIGEN DE SAUCIRI

Poopó Oruro Bolivia.

SANTIAGO SAUCIRI MARTINEZ, nacio el 30 de diciembre de 1961 en los alrededores de lago POOPO, en el departamento de Oruro Bolivia. Hijo de JOSE SAUCIRI GUTIERREZ (Cooperativista minero, musico y carpintero) su madre, VALENTINA MARTINEZ ANCALLE, de oficio (comerciante y ama de casa) los dos de origen quechua. Siendo el segundo de tres hermanos de apellido Sauciri Martínez, su hermano mayor Efirio Sauciri Martínez y su hermana menor, Bernardina Sauciri Martínez.

LENGUA NATIVA DE SAUCIRI

Santiago Sauciri Martínez, creció hablando quechua como su lengua nativa, aunque el idioma oficial es el castellano.

Asistió a la escuela ISMAEL MONTES de Poopó, como oyente a los tres años y medio, bajo el cuidado de su hermano mayor, cuando aún no cumplía la edad requerida para ser un estudiante oficial, pero debido a que su nivel intelectual fue impresionante la escuela decidido tomarle el año como valido, para que continuara sus estudios de forma regular, y fue así como termino su primaria y posteriormente comenzó su nueva etapa en el colegio JOSE FLORES BELLONI.

SANTIAGO SAUCIRI MARTINEZ tuvo una infancia fantástica a pesar de que su padre falleció en 1965, cuando Santiago, solo tenía cuatro años.

Creció en un ambiente de naturaleza, con abundante flora y fauna en los-

alrededores del lago Poopó, y una de sus habilidades en lo personal de su niñez, es haberse convertido en un buen nadador a los 4 años, ya que Poopó, cuenta con una encantadora área de aguas termales, donde paso gratos momentos de su infancia.

Su madre Valentina Martínez Ancalle, siempre se preocupó por el bienestar de sus hijos, además se encauzó en darles una buena alimentación en lo que estuviera a su alcance. Sauciri creció consumiendo alimentos producidos en Poopó, tales como el queso, quinua, huevos y pescado entre otra diversidad que este lugar produce.

Santiago Sauciri junto a su hermano mayor, amantes del fútbol en su adolescencia.

Su adolescencia la dedicó a estudiar y trabajar junto a sus hermanos para ayudar a su madre, debido que su padre había fallecido cuando él era un niño.

Santiago Sauciri, desde joven ha sido una persona que practica la fe y cree en DIOS, siempre se ha preocupado para que haya justicia en la sociedad, también se le conoce como una persona solidaria que defiende los derechos del pueblo. Su interés primordial ha sido ayudar y defender a los más (marginados)

Sus pretensiones en su juventud eran ser autoridad algún día, para impartir justicia donde fuera necesario, y por supuesto ayudar y defender al prójimo.

PRIMERAS RESPONSABILIDADES DE SAUCIRI

Por las mismas razones asistió al cuartel primero de infantería de Bolivia a los 17 - 18 años, convirtiéndose en su momento un escolta presidencial, a su temprana edad, pero dado el caso que su padre fue cooperativista de los mineros, Santiago Sauciri Martínez, fue convocado para brindarle una oportunidad de adquirir una beca con la posibilidad de ir a estudiar a Rusia, la que se convertiría en una de sus mejores oportunidades que lo llevo para estudiar la carrera de economía, en el Instituto Cooperativa de Moscú el mismo año que desafortunadamente su madre falleció.

Esta gran oportunidad que lo llevó a Rusia vino aliviar su pena por la pérdida de su madre.

Luego de instalarse en Moscú Rusia, asumió su responsabilidad, y era dedicarse únicamente a estudiar y por supuesto uno de los grandes retos era aprender el idioma ruso, lo más pronto posible, así que obligatoria y necesariamente lo logro en tres meses, y así pudo participar e intercambiar sus culturas. Al mismo tiempo puso en práctica otros idiomas para poder interactuar con sus compañeros de diferentes nacionalidades.

En su estadía de estudiante Sauciri, practicaba algunos deportes como el fútbol, y también aprendió el deporte de esquiar.

SANTIAGO SAUCIRI MARTINEZ, regreso a Bolivia en 1989, con una licenciatura y un máster en economía, expedidos por la universidad Cooperativa de Moscú Rusia, para incorporarse en la universidad mayor de San Simón Cochabamba Bolivia, y posteriormente realizar la validación nacional de su título como economista, el cual le fue otorgado en 1993. Al mismo tiempo se desempeñó como docente titular en economía política en los años 1989 y 1991.

PRIMEROS CARGOS DE LA EXITOSA CARRERA DE SAUCIRI COMO ECONOMISTA PROFESIONAL

Sauciri, desde sus inicios en su actividad laboral, se vinculó a instituciones que tienen que ver con el desarrollo local, la microempresa y otros, como la federación departamental de productores de leche (FEDEPLO), la central integral de desarrollo y servicio del Medio Ambiente, federación nacional de cooperativas mineras, federación de cooperativas mineras de la paz.

En 1992 Sauciri, comenzó a poner en práctica la que sería su prestigiosa carrera, tomando el cargo como asesor Económico y Educativo de la federación nacional de cooperativas mineras de la Paz Bolivia (FENCOMIN) hasta 1993. Este mismo año también asumió este cargo en la federación de cooperativas Auríferas del Norte de la Paz (FECOMAN).

En 1994 fue el asesor económico y educativo de la federación departamental de cooperativas mineras de la paz (FEDECOMIN)

En 1995, Sauciri, se desempeñó como consultor del proyecto DELIMITACION de secciones de provincia (COMLIT-BID) Comisión internacional de límites en Oruro.

Gerente comercial de la empresa beneficiadora de materias primas (EBEMAP) 1996 y 1997 en la Paz Bolivia.

2000 y 2001 asesor económico de la federación Nacional de cooperativas mineras de Bolivia (FEDECOMIN)

De 2000 a 2005 fue representante de la empresa EBEMAP en la ciudad de Oruro.

En 2009, fue el director ejecutivo del centro Integral de Desarrollo y servicio del medio ambiente (CIDESEMA)

Oficial número uno de Recursos Humanos, en el Tribunal Electoral Departamental de Oruro, de 2011 hasta 2013.

Asesor económico de la federación departamental de productores de leche en Oruro, 2014 y 2015.

Su paso por las mencionadas instituciones le sirvió para conocer la realidad de la economía que existe actualmente.

SANTIAGO SAUCIRI MARTINEZ, también ha participado en una extraordinaria cantidad de cursos, talleres y seminarios importantes tanto a nivel Nacional como en el exterior.

- En 1989, recibió 490 horas de enseñanza de la lengua rusa en el instituto Cooperativa de Moscú.

- Desarrollo Etnoecoturismo y conservación del medio ambiente Oruro, 09 de octubre de 1998.

- Taller de normatividad y desarrollo de proyectos eléctricos Oruro, 11 de noviembre de 1998.

- Análisis de la ley de unidades políticas administrativas, 27 de noviembre de 1998.

- La química potencial para el desarrollo del altiplano, Oruro 26 de noviembre de 1998.

- Integración del movimiento cooperativista en el ISTMO Centroamericano 20 horas, en la Universidad de Costa Rica en 2001.

- Seminario presupuesto de la Nación, deuda pública y metas del milenio, Oruro 2005.

- Seminario el cooperativismo en la economía Nacional 2006.

- Jornada por la década productiva comunitaria y la segunda cumbre económica productiva, octubre de 2010.

- Primera conferencia magistral, actualización jurídico electoral.

NUEVOS DESAFIOS DEL ORGANO ELECTORAL, febrero de 2011.

- Taller de atención a niños y adolescentes víctimas de violencia sexual ruta crítica de atención integral, POOPO 2011.

- Curso de capacitación del servicio plurinacional de empleo: programa modular de orientación laboral, ORURO. Seminario sobre atribuciones jurisdiccionales, función electoral departamental, democracia intercultural y metodología de elecciones de jueces y magistrados, organizado por el comité cívico popular de Bolivia.

- Curso dirección y gestión administrativa, organizada por la escuela Internacional de negocios de Zaragoza España, 2011.

- Asistió al seminario sistema de administración de personal en el marco de la responsabilidad por la función y políticas públicas, La Paz 2011.

- Taller departamental electoral de genero e Interculturalidad, organizado por el Tribunal supremo Electoral y la asociación de concejales de Bolivia, La Paz 2011.

- Curso de capacitación socialización del reglamento de supervisión del acceso a las autonomías indígenas originario campesinas, Oruro 2012.

- Taller departamental para la construcción del anteproyecto de ley de organizaciones políticas, Oruro 2012.

- Curso de capacitación sobre democracia intercultural, organizado por el Tribunal Electoral departamental de Oruro 2012.

- Certificado de actualización tecnológica.

- Asistente al seminario internacional en gestión estratégica de recursos humanos, Oruro 2012.

- Seminario nacional sobre la ley Avelino Siñani y Elizardo Pérez, LA PAZ julio de 2012.

- Curso de capacitación de promotor en derechos humanos, Oruro de 2013.

- Asistente al curso especializado sobre cooperativismo versión 2015.

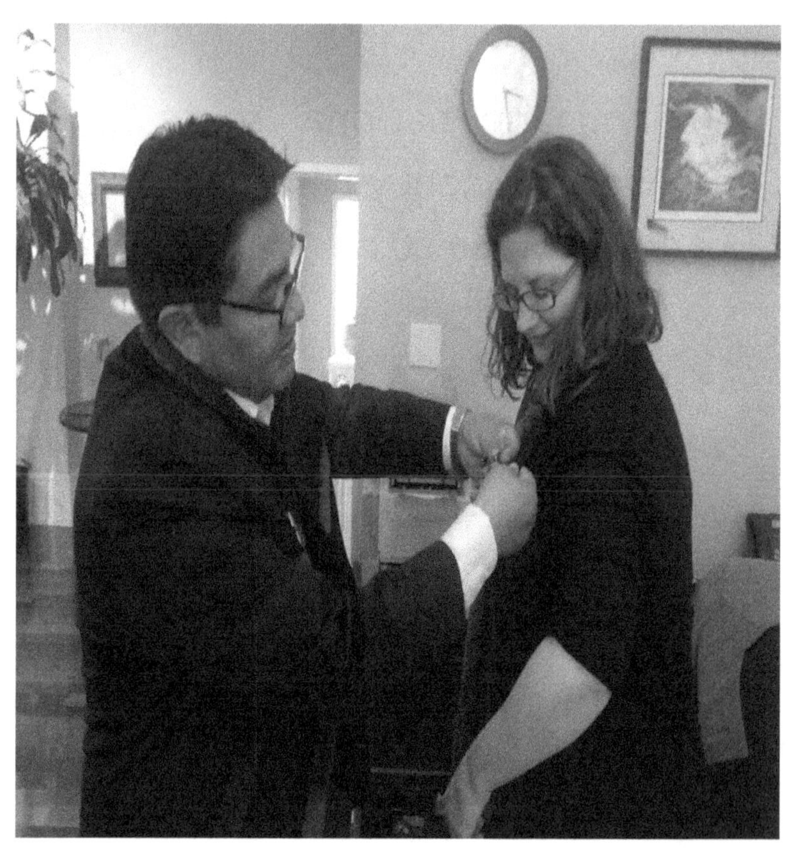

SANTIAGO SAUCIRI MARTINEZ, durante su trayectoria, ha desempeñado con responsabilidad cargos importantes, dentro del estado de Bolivia, entre ellos se encuentran los siguientes.

- ➢ Vicepresidente del comité cívico de Poopó.
- ➢ Presidente del comité cívico Interprovincial del departamento de Oruro.
- ➢ Presidente del mecanismo de control social del departamento de Oruro.
- ➢ Consejero departamental en Oruro.
- ➢ Vicepresidente de la asociación nacional de consejeros de Bolivia.
- ➢ Jurado electoral, designado por la corte electoral de Oruro.
- ➢ Fue presidente del comité cívico popular de Bolivia en 2013 hasta 2015.

También se ha destacado por actividades realizadas en diferentes ocasiones.

Santiago Sauciri, dictó el seminario cooperativas en Bolivia, auspiciado por la federación de cooperativas mineras de Bolivia, en junio de 1992, con temas sobre el movimiento cooperativo de Suecia y sus actividades.

El movimiento cooperativo en América Latina y sus actividades sobre el enfoque actual del cooperativismo frente a los cambios suscitados en el mundo, con nuevas alternativas en el movimiento cooperativo.

Sauciri, ha sido una persona distinguida y a recibido reconocimientos, por el comité cívico pro la Paz, en 2007 y un reconocimiento ILUSTRE por el consejo departamental de Cochabamba, (El prefecto y comandante General del departamento de Cochabamba.

Cuenta con algunas importantes publicaciones realizadas en los principales medios de Bolivia, como el cooperativismo y su importancia social (Periódico Ultima hora), patentes mineras (Periódico la patria), Poopó histórico, minero y turístico (periódico la Patria) Y es director del periódico y tribuna de los movimientos sociales del departamento de Oruro: El Popular y el Poopeño.

El diplomático Santiago Sauciri promoviendo la cultura boliviana, en Estados Unidos.

Sauciri, condecorado por la asociación de agregados policiales de Latinoamérica en Estados Unidos.

Participando en un seminario sobre la estabilidad económica de Bolivia, en la universidad americana, en Estados Unidos.

En la posesión de la directiva del comité, pro-Bolivia en Estados Unidos.

Con la delegación de Panamá. TRADECENTER Washington DC

Con la delegación de Uzbekistán, en Washington DC.

Con la delegación de Rusia, en el festival WINTERNATIONAL, DONAL RIAND BUILDING.

Con la delegación de Estonia.

Con la delegación de Armenia.

Promoviendo la cultura, el comercio y gastronomía boliviana en Estados Unidos.

Participando en EKLESSIA.

Etnia QUECHUA a la que SANTIAGO SAUCIRI MARTINEZ pertenece es un etnónimo designado a algunos pueblos originarios de estados de Bolivia, Argentina, Chile, Colombia, Ecuador y del Perú. El nombre deriva -

del QUECHUA, familia lingüística extendida por gran parte de la región andina sudamericana y relatada por el Imperio incaico. Una de sus tradiciones más destacadas en la historia quechua es el arte textil que tradicionalmente pueden ser de origen vegetal, algodón y animal.

Un estudio revela que la cantidad de hablantes de lengua quechua tiene un estimado de entre ocho a diez millones de personas.

La lengua tiene una morfología aglutinante, con raíces regulares y repertorios amplios de sufijos productivos, que permite formar palabras nuevas de forma regular.

SAUCIRI

Sinónimo de amor, compasión y justicia. Apellido que representa nobleza y valentía de descendencia, también se atribuye al respeto.

Poopó

Es una provincia del departamento de Oruro, en Bolivia, y cuenta con una población aproximada de 16,806 habitantes, y está situado en la ribera oriental del Lago Poopó y del rio desaguadero.

Lago Poopó

Es un lago de agua salada, el segundo más grande de Bolivia, después del lago Titicaca. Ambos están conectados por el rio desaguadero. De los lagos ubicados exclusivamente en territorio boliviano es el de mayor tamaño.

Fotografía de lago Poopó

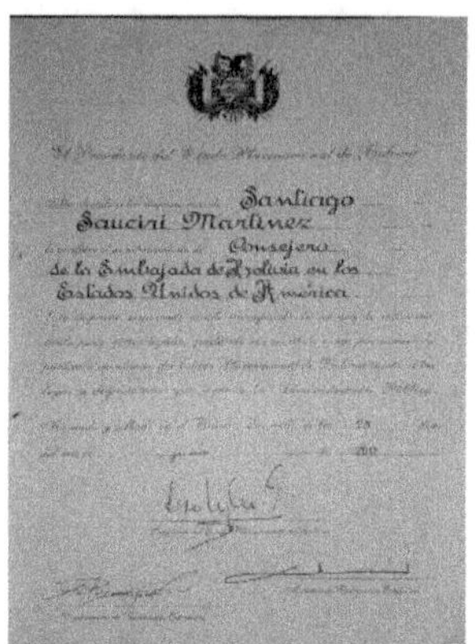

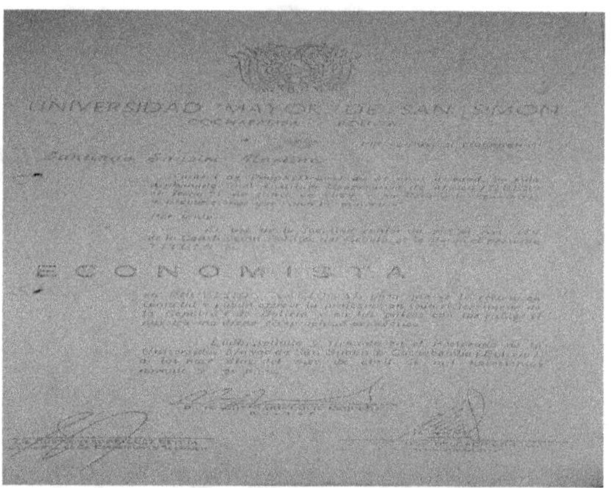

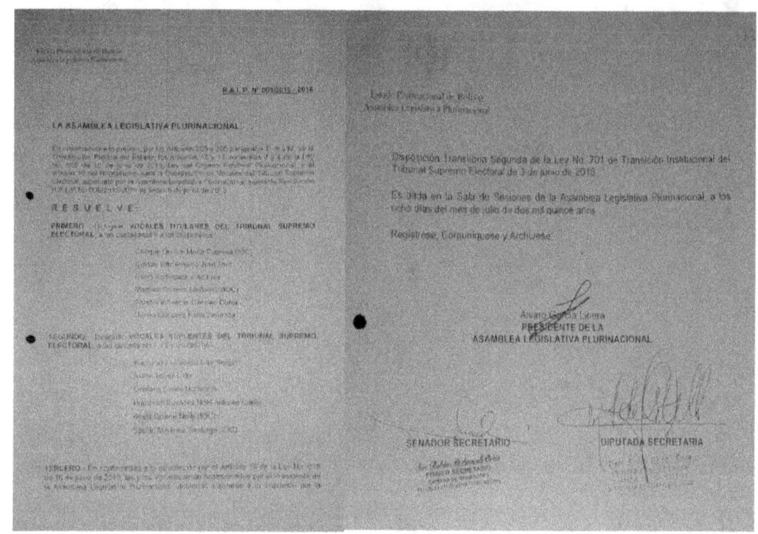

R.A.L.P. Nº 009/2015 - 2016

LA ASAMBLEA LEGISLATIVA PLURINACIONAL

RESUELVE

PRIMERO.- Designar VOCALES TITULARES DEL TRIBUNAL SUPREMO ELECTORAL, a los ciudadanos y a las ciudadanas:

SEGUNDO.- Designar VOCALES SUPLENTES DEL TRIBUNAL SUPREMO ELECTORAL, a los ciudadanos y a las ciudadanas:

Estado Plurinacional de Bolivia
Asamblea Legislativa Plurinacional

Disposición Transitoria Segunda de la Ley No. 701 de Transición Institucional del Tribunal Supremo Electoral de 3 de junio de 2015.

Es dada en la Sala de Sesiones de la Asamblea Legislativa Plurinacional, a los ocho días del mes de julio de dos mil quince años.

Regístrese, Comuníquese y Archívese.

Álvaro García Linera
**PRESIDENTE DE LA
ASAMBLEA LEGISLATIVA PLURINACIONAL**

SENADOR SECRETARIO

DIPUTADA SECRETARIA

ISBN:9781794497481

Juan Aníbal Lopez Rivera

Como autor y editor de este libro me siento honrado de dar las gracias, a DIOS y gracias al licenciado Santiago Sauciri Martínez, por brindarme su consentimiento y autorización, para redactar esta gran obra, en la que se cuenta su importante trayectoria, desde sus inicios hasta convertirse en una pieza importante de su gran nación, como lo es el Estado Plurinacional de Bolivia. Y es para mi un honor haber llevado a cabo este proyecto, después de hacer importantes esfuerzos para recopilar una significativa cantidad de información del diplomático Sauciri.

Esperando que los lectores de esta obra se sientan apasionados y motivados por lo que hacen y por sus metas al futuro.

Que con su pasión saquen el mejor provecho de esta historia, que transmite esperanza y positivismo, transmitiendo los resultados de un esfuerzo constante y concentración de cada propósito, que han sido igual a éxito.

Recuerda que los tiempos son los mismos, y el éxito llega según sean tus esfuerzos, la vida continua y nunca es tarde para ser mejor.

www.ingramcontent.com/pod-product-compliance
Lightning Source LLC
Chambersburg PA
CBHW061519250726
48657CB00005B/1962